Las cosas que me gustan

Me gusta el futbol

por Meg Gaertner

www.littlebluehousebooks.com

© 2023 por Little Blue House, Mendota Heights, MN 55120. Todos los derechos reservados. Ninguna parte de este libro puede ser reproducida ni utilizada de ninguna manera ni por cualquier medio sin el permiso escrito de la editorial.

Traducción: © 2023 por Little Blue House
Título original: I Like Soccer
Texto: © 2023 por Little Blue House
Traducción: Annette Granat

La serie Little Blue House es distribuida por North Star Editions.
sales@northstareditions.com | 888-417-0195

Este libro ha sido producido para Little Blue House por Red Line Editorial.

Fotografías ©: Imágenes de iStock: portada, 4, 7, 8–9, 10–11, 12–13, 15, 16 (esquina superior izquierda), 16 (esquina superior derecha), 16 (esquina inferior izquierda), 16 (esquina inferior derecha)

Library of Congress Control Number: 2022912466

ISBN
978-1-64619-685-2 (tapa dura)
978-1-64619-717-0 (tapa blanda)
978-1-64619-780-4 (libro electrónico en PDF)
978-1-64619-749-1 (libro electrónico alojado)

Impreso en los Estados Unidos de América
Mankato, MN
012023

Sobre la autora

Meg Gaertner disfruta leer, escribir, bailar y hacer actividades al aire libre. Ella vive en Minnesota.

Tabla de contenido

Me gusta el futbol **5**

Glosario **16**

Índice **16**

Me gusta el futbol

El futbol es divertido.

Juego con un balón.

El futbol es divertido.

Juego en un partido.

El futbol es divertido.

Juego en un equipo.

El futbol es divertido.

Juego en un campo.

El futbol es divertido.

Juego junto a una red.

El futbol es divertido.

Juego con mis amigos.

Glosario

balón

equipo

campo

red

Índice

A
amigos, 14

B
balón, 5

E
equipo, 8

R
red, 12